Impressum
Verlag: BABADADA GmbH, Nedderfeld 112 , 22529 Hamburg
Geschäftsführer / Verlagsleitung: Harald Hof
Druck: Books on Demand GmbH, In de Tarpen 42, 22848 Norderstedt

Imprint
Publisher: BABADADA GmbH, Nedderfeld 112 , 22529 Hamburg, Germany
Managing Director / Publishing direction: Harald Hof
Print: Books on Demand GmbH, In de Tarpen 42, 22848 Norderstedt, Germany

mokykla
مدرسه

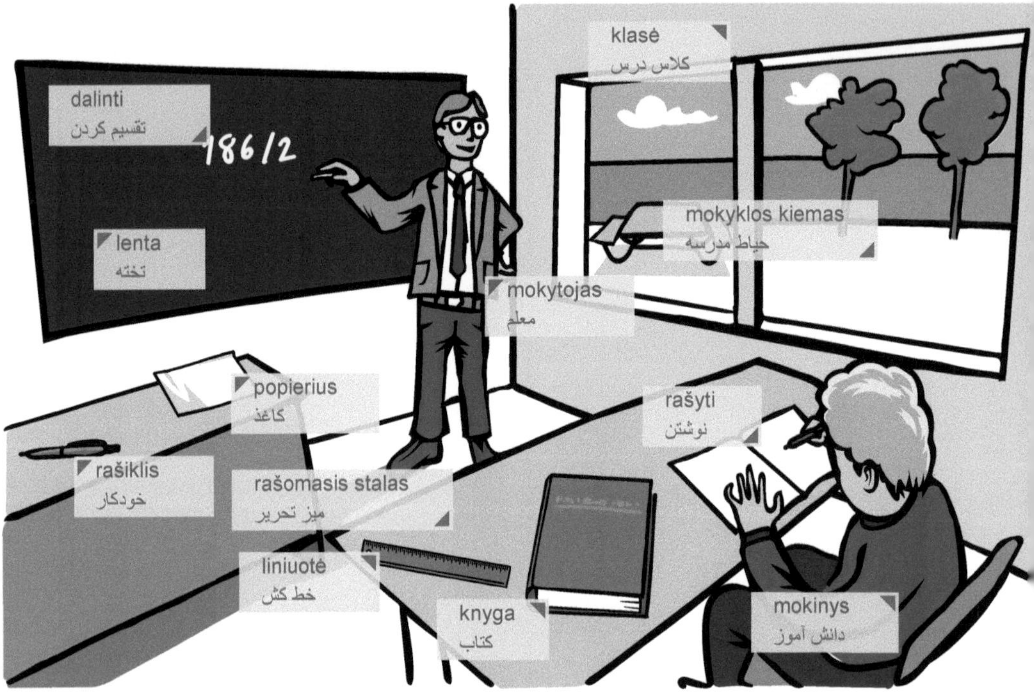
klasė
کلاس درس
dalinti
تقسیم کردن
186/2
lenta
تخته
mokyklos kiemas
حیاط مدرسه
mokytojas
معلم
popierius
کاغذ
rašyti
نوشتن
rašiklis
خودکار
rašomasis stalas
میز تحریر
liniuotė
خط کش
knyga
کتاب
mokinys
دانش آموز

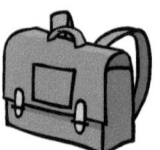

kuprinė

کیف مدرسه

penalas

جامدادی

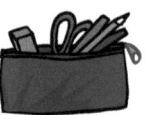

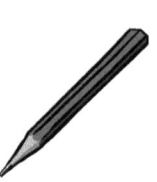

pieštukas

مداد

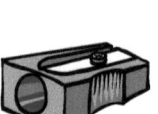

drožtukas

تراش

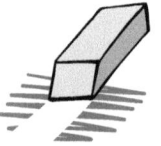

trintukas

پاک کن

piešimo bloknotas

دفتر رسم

piešinys

طراحی

teptukas

قلم مو

dažų dėžutė

جعبه ی آبرنگ

žirklės

قیچی

klijai

چسب

vadovėlis

کتاب تمرین

namų darbai

تکلیف خانه

12

numeris

رقم

2+2

pridėti

جمع کردن

5-2

atimti

تفریق کردن

2×2

dauginti

ضرب کردن

skaičiuoti

محاسبه کردن

A

raidė

حرف الفبا

ABCDEFG HIJKLMN OPQRSTU VWXYZ

abėcėlė

الفبا

hello

žodis

کلمه

tekstas

متن

skaityti

خواندن

kreida

گچ

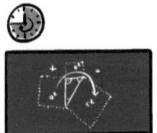

pamoka

درس

dienynas

ثبت نام

egzaminas

امتحان

pažymėjimas

مدرک رسمی

mokyklinė uniforma

لباس مدرسه

išsilavinimas

تحصیلات

enciklopedija

دانشنامه

universitetas

دانشگاه

mikroskopas

میکروسکوپ

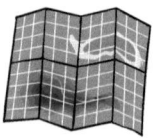

žemėlapis

نقشه

šiukšliadėžė

سبد کاغذ باطله

kelionė
سفر

viešbutis
هتل
Grand
svečių namai
مسافرخانه
ROOMS
EXCHANGE
valiutos keitykla
صرافی
lagaminas
چمدان
mašina
اتومبیل

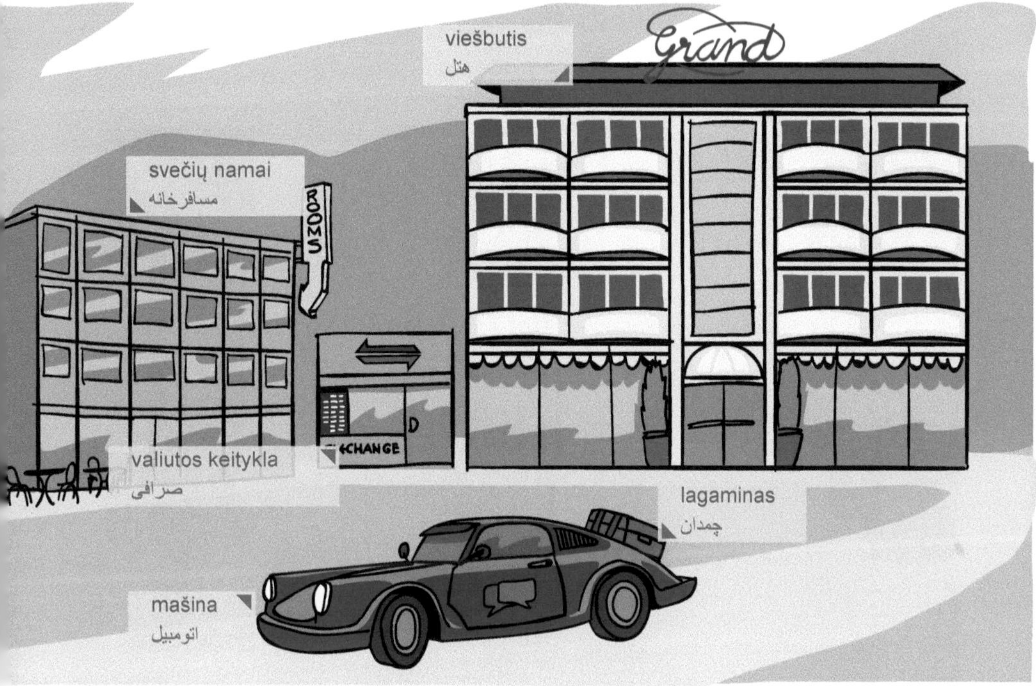

kalba

زبان

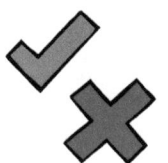

taip / ne

بله / خیر

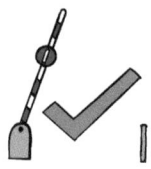

Gerai

اُکی

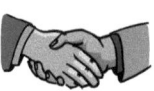

sveiki

سلام

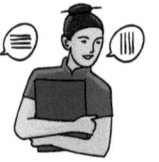

vertėjas raštu

مترجم

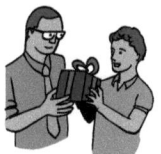

Ačiū

ممنون

kiek kainuoja...?

قیمت ... چه قدر است؟

aš nesuprantu

من متوجه نمی شوم

problema

مشکل

Labas vakaras!

عصر بخیر! / شب بخیر!

Labas rytas!

صبح بخیر!

Labos nakties!

شب بخیر!

viso gero

خداحافظدار

kryptis

جهت

bagažas

بار سفر

krepšys

کیف

kuprinė

کوله پشتی

svečias

مهمان

kambarys

اتاق

miegmaišis

کیسه خواب

palapinė

خیمه

turizmo informacija

مرکز راهنمای گردشگران

paplūdimys

ساحل

kreditinė kortelė

کارت اعتباری

pusryčiai

صبحانه

pietūs

نهار

vakarienė

شام

bilietas

بلیط

liftas

آسانسور

pašto ženklas

مهر

siena

مرز

muitinė

گمرک

ambasada

سفارتخانه

viza

ویزا

pasas

گذرنامه

transportas

حمل و نقل

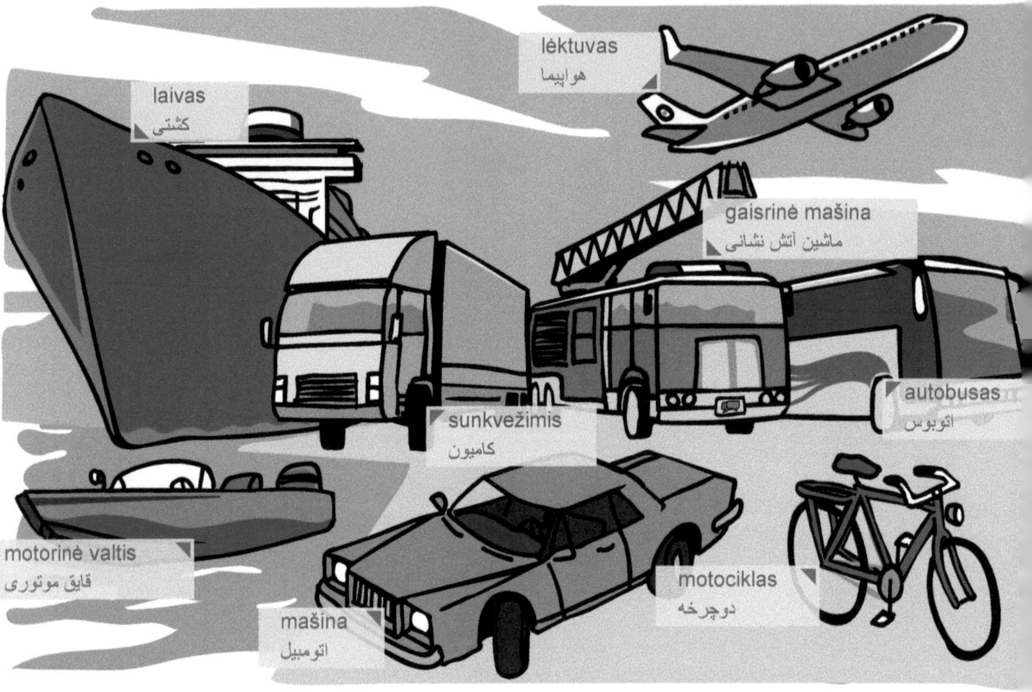

lėktuvas
هواپیما
laivas
کشتی
gaisrinė mašina
ماشین آتش نشانی
autobusas
اتوبوس
sunkvežimis
کامیون
motorinė valtis
قایق موتوری
motociklas
دوچرخه
mašina
اتومبیل

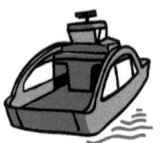

keltas

کشتی مسافربری

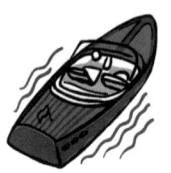

valtis

قایق

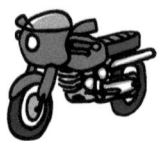

mopedas

موتورسیکلت

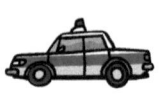

policijos automobilis

ماشین پلیس

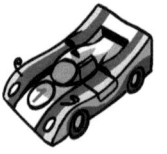

lenktyninis automobilis

ماشین مسابقه

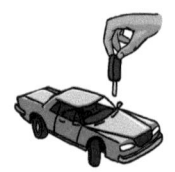

nuomojamas automobilis

ماشین کرایه ای

bendras automobilio naudojimas

به اشتراک گذاری اتوموبیل

techninės pagalbos automobilis

جرثقیل

šiukšliavežė

ماشین حمل زباله

variklis

موتور

degalai

بنزین

degalinė

پمپ بنزین

kelio ženklas

تابلو راهنمایی و رانندگی

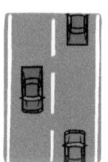

eismas

عبور و مرور

eismo spūstis

ترافیک

mašinų stovėjimo aikštelė

پارکینگ

traukinių stotis

ایستگاه قطار

bėgiai

ریل راه آهن

traukinys

قطار

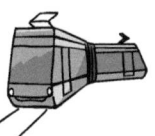

tramvajus

قطار برقی

vagonas

واگن

sraigtasparnis

هلیکوپتر

oro uostas

فرودگاه

bokštas

برج

keleivis

مسافر

konteineris

کانتینر

dėžė

کارتن

vežimėlis

گاری

krepšys

سبد

pakilti / nusileisti

به پرواز درآمدن / فرود آمدن

miestas

شهر

kaimas

دهکده

miesto centras

مرکز شهر

namas

خانه

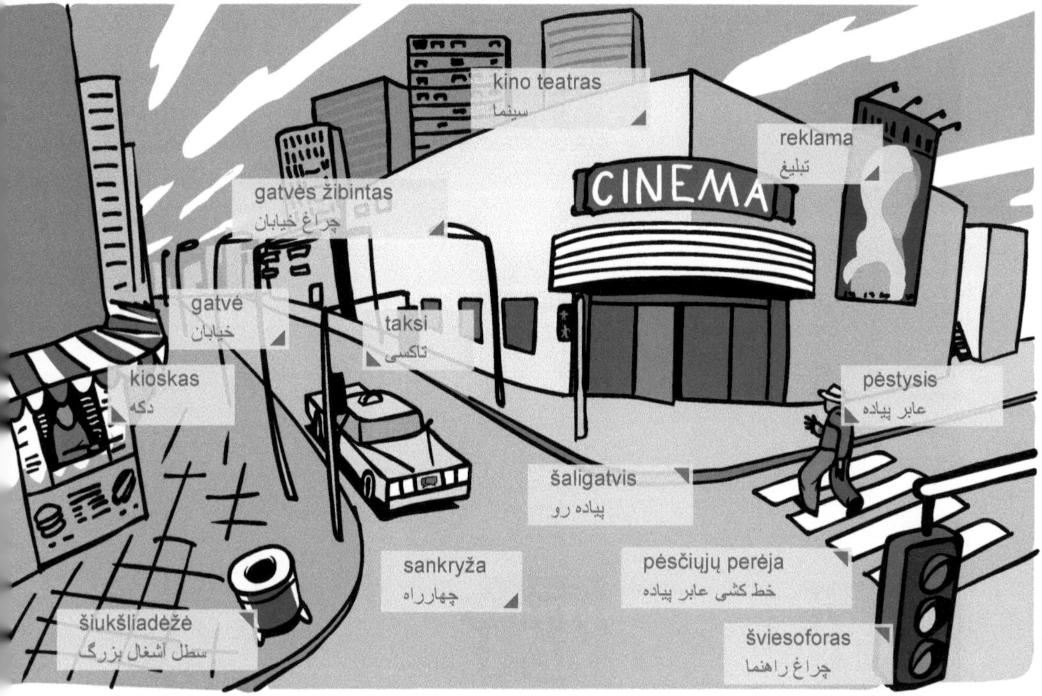

Street scene (top illustration)

kino teatras — سینما

reklama — تبلیغ

gatvės žibintas — چراغ خیابان

gatvė — خیابان

taksi — تاکسی

kioskas — دکه

pėstysis — عابر پیاده

šaligatvis — پیاده رو

sankryža — چهارراه

pėsčiųjų perėja — خط کشی عابر پیاده

šiukšliadėžė — سطل آشغال بزرگ

šviesoforas — چراغ راهنما

CINEMA

trobelė
كلبه

butas
آپارتمان

traukinių stotis
ایستگاه قطار

rotušė
ساختمان شهرداری

muziejus
موزه

mokykla
مدرسه

universitetas

دانشگاه

bankas

بانک

ligoninė

بیمارستان

viešbutis

هتل

vaistinė

داروخانه

biuras

اداره

knygynas

کتابفروشی

parduotuvė

مغازه

gėlių parduotuvė

گل فروشی

prekybos centras

سوپرمارکت

turgus

بازار

universalinė parduotuvė

فروشگاه بزرگ

žuvies parduotuvė

ماهی فروش

prekybos centras

مرکز خرید

uostas

بندر

parkas

پارک

suoliukas

نیمکت

tiltas

پل

laiptai

پله

metro

مترو

tunelis

تونل

autobusų stotelė

ایستگاه اتوبوس

baras

میخانه

restoranas

رستوران

lauko pašto dėžutė

صندوق پست

kelio ženklas

تابلوی خیابان

parkomatas

دستگاه پارکومتر

zoologijos sodas

باغ وحش

baseinas

استخر شنای عمومی

mečetė

مسجد

ūkininko ūkis

مزرعه

tarša

آلودگی محیط زیست

kapinės

قبرستان

bažnyčia

کلیسا

žaidimų aikštelė

زمین بازی

šventykla

معبد

kraštovaizdis

چشم انداز

lapas
برگ

kelio rodyklė
تابلوی راهنمای مسیر

kelias
راه

pieva
چمنزار

akmuo
سنگ

medis
درخت

ėjikas
راه نورد

upė
رودخانه

žolė
چمن

gėlė
گل

slėnis

دره

kalva

تپه

ežeras

دریاچه

miškas

جنگل

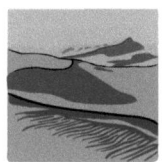

dykuma

بیابان

ugnikalnis

کوه آتشفشان

pilis

قلعه

vaivorykštė

رنگین کمان

grybas

قارچ

palmė

درخت نخل

uodas

پشه

musė

مگس

skruzdėlė

مورچه

bitė

زنبور

voras

عنکبوت

vabalas

سوسک

varlė

قورباغه

voverė

سنجاب

ežys

جوجه تیغی

kiškis

خرگوش صحرایی

pelėda

جغد

paukštis

پرنده

gulbė

قو

šernas

گراز

elnias

گوزن نر

briedis

گوزن شمالی

užtvanka

سد آب

vėjo jėgainė

توربین بادی

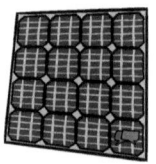

saulės baterija

صفحه ی خورشیدی

klimatas

آب و هوا

padavėjas
پیشخدمت رستوران

meniu
منوی غذا

kėdė
صندلی

sriuba
سوپ

pica
پیتزا

stalo įrankiai
سرویس کارد و قاشق و چنگال

staltiesė
رومیزی

užkandis

پیش‌غذا

pagrindinis patiekalas

غذای اصلی

desertas

دسر

gėrimai

نوشیدنی ها

maistas

غذا

butelis

بطری

greitai pateikiamas maistas

فست فود

gatvės maistas

اغذیه خیابانی

arbatinukas

قوری

cukrinė

قندان

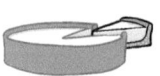

porcija

پُرس غذا

espreso aparatas

دستگاه اسپرسو

aukšta kėdė

صندلی پایه بلند غذاخوری بچه

sąskaita

صورتحساب

padėklas

سینی

peilis

چاقو

šakutė

چنگال

šaukštas

قاشق

arbatinis šaukštelis

قاشق چایخوری

servetėlė

دستمال سفره

stiklinė

لیوان

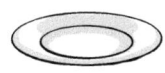

lėkštė

بشقاب

sriubos lėkštė

بشقاب سوپخوری

padėklas

نعلبکی

padažas

سس

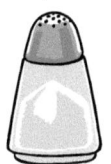

druskinė

نمکدان

pipirų malūnėlis

فلفل ساب

actas

سرکه

aliejus

روغن خوراکی

prieskoniai

ادویه جات

kečupas

سس کچاپ

garstyčios

سس خردل

majonezas

سس مایونز

prekybos centras

سوپرمارکت

specialus pasiūlymas
پیشنهاد ویژه
FOR
pirkėjas
مشتری
pieno produktai
لبنیات
vaisiai
میوه جات
troleibusas
چرخ دستی خرید

BUTCHERS

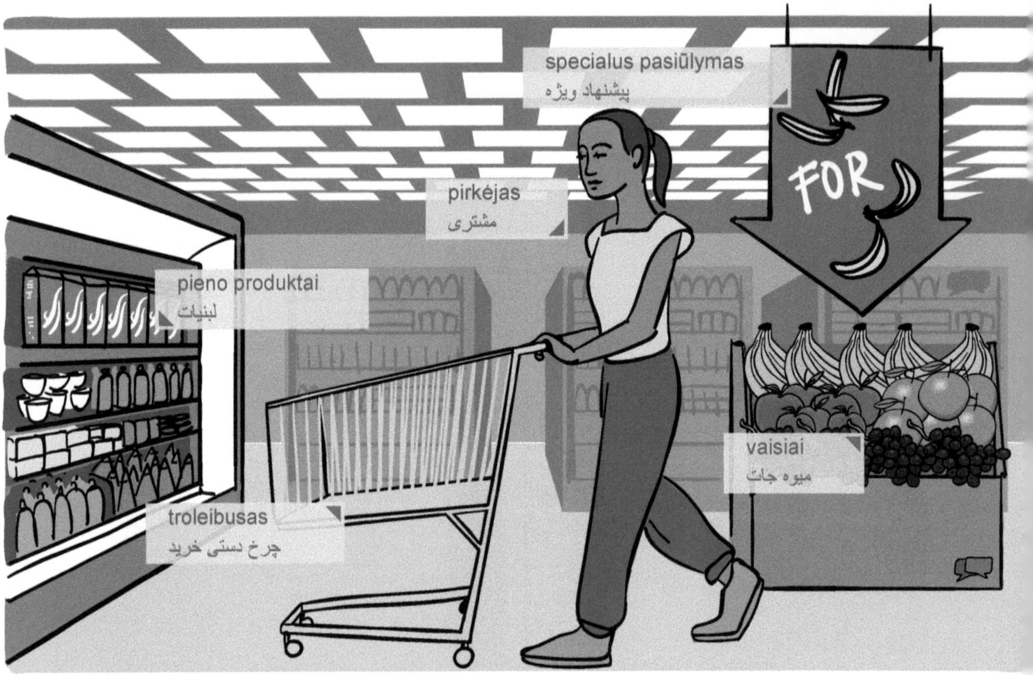

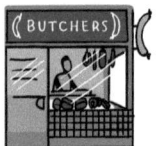

mėsos parduotuvė

قصابی

BAKERY

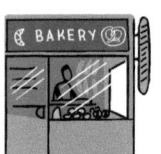

kepykla

نانوایی

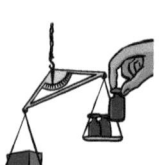

sverti

وزن کردن

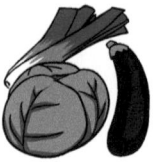

daržovės

سبزیجات

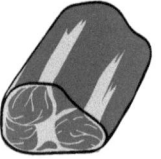

mėsa

گوشت

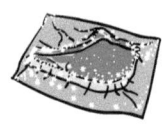

šaldytas maistas

غذای منجمد

šalti mėsos užkandžiai

مخلوطی از انواع کالباس یا پنیر که
ورقه ای بریده شده باشند

konservai

غذای کنسروی

skalbimo milteliai

پودر لباسشویی

saldumynai

شیرینی جات

ūkinės prekės

لوازم خانگی

valymo priemonės

ماده شوینده و پاک کننده

pardavėja

فروشنده

kasos aparatas

صندوق پرداخت

kasininkas

صندوقدار

pirkinių sąrašas

لیست خرید

darbo valandos

ساعات کار

piniginė

کیف پول

kreditinė kortelė

کارت اعتباری

maišelis

کیف

plastikinis maišelis

کیسه ی پلاستیکی

vanduo

آب

sultys

آبمیوه

pienas

شیر

kola

نوشابه کوکاکولا

vynas

شراب

alus

آبجو

alkoholis

الکل

kakava

کاکائو

arbata

چای

kava

قهوه

espresas

قهوه اسپرسو

kapučinas

کاپوچینو

bananas

موز

obuolys

سیب

apelsinas

پرتقال

arbūzas

انواع هندوانه و خربزه

citrina

لیمو

morka

هویج

česnakas

سیر

bambukas

نی بامبو

svogūnas

پیاز

grybas

قارچ

riešutai

آجیل

makaronai

ماکارونی

spagečiai

اسپاگتی

ryžiai

برنج

salotos

سالاد

traškučiai

سیب زمینی سرخ کرده

keptos bulvės

سیب زمینی سرخ شده

pica

پیتزا

mėsainis

همبرگر

sumuštinis

ساندویچ

pjausnys

شنیتسل

kumpis

ژامبون خوک

saliamis

سالامی

dešrelė

سوسیس

vištiena

مرغ

kepsnys

نوعی گوشت سرخ شده

žuvis

ماهی

avižų dribsniai

جوی پرک شده

dribsniai su priedais

نوعی صبحانه مخلوطی از برگه ذرت و
میوه های خشک شده و خشکبار که
معمولا با شیر خورده می شود

kukurūzų dribsniai

کورن‌فلکس

miltai

آرد

prancūziškasis ragelis

کرواسان

bandelė

نان بروتشن

duona

نان

skrebutis

نان تست

sausainiai

بیسکویت

sviestas

کره

varškė

کشک

tortas

کیک

kiaušinis

تخم مرغ

kiaušinienė

تخم مرغ نیمرو

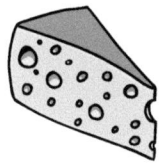

sūris

پنیر

ledai

بستنی

cukrus

شکر

medus

عسل

uogienė

مربا

tepamas šokoladas

کرم شکلاتی بادامی

karis

ادویه کاری

ūkininko ūkis
مزرعه

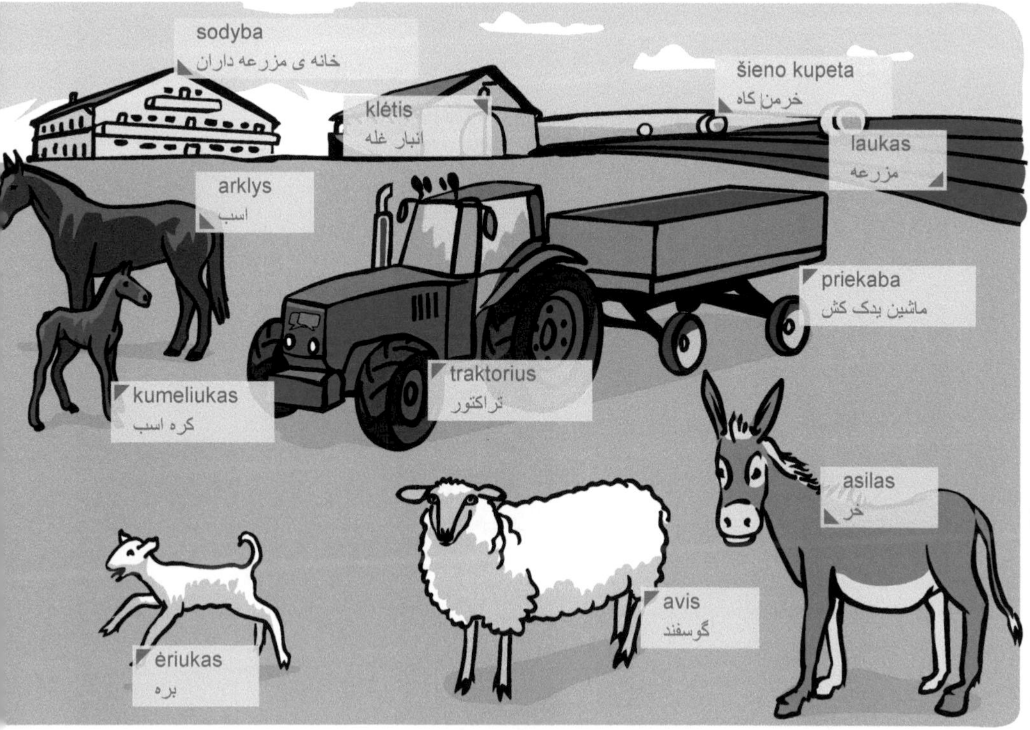

sodyba
خانه ی مزرعه داران
klėtis
انبار غله
šieno kupeta
خرمن گاه
laukas
مزرعه
arklys
اسب
priekaba
ماشین یدک کش
traktorius
تراکتور
kumeliukas
کره اسب
asilas
خر
avis
گوسفند
ėriukas
بره

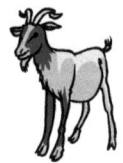

ožys

بز

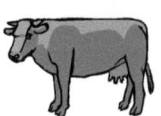

karvė

گاو ماده

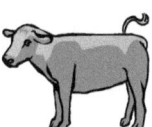

veršis

گوساله

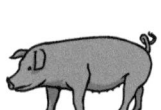

kiaulė

خوک

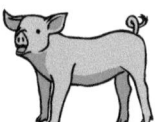

paršelis

بچه خوک

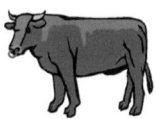

bulius

گاو نر

žąsis

غاز

antis

اردک

viščiukas

جوجه

višta

مرغ

gaidys

خروس

žiurkė

موش صحرایی

katė

گربه

pelė

موش

jautis

گاو نر اخته

šuo

سگ

šuns būda

لانه ی سگ

sodo namas

شلنگ باغبانی

laistytuvas

آبپاش

dalgis

داس دسته بلند

plūgas

گاوآهن

pjautuvas

داس

kauptukas

کج بیل

šakės

چنگک باغبانی

kirvis

تبر

statinė

فرقون

lovys

آبشخور

bidonas

بطری نگهداری شیر

maišas

کیسه

tvora

حصار

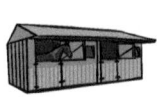

arklidė

اصطبل

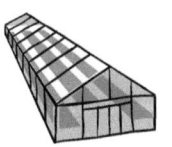

šiltnamis

گلخانه

dirva

خاک

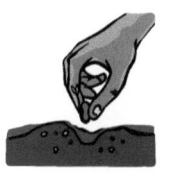

sėkla

بذر

trąšos

کود

kombainas

ماشین کمباین

rinkti

برداشت کردن محصول

derlius

محصول

saldžiosios bulvės

تمیس

kviečiai

گندم

soja

سویا

bulvė

سیب زمینی

kukurūzai

ذرت

rapsai

کلزا

vaismedis

درخت میوه

manijokas

گیاه مانیوک

grūdai

غلات

namas
خانه

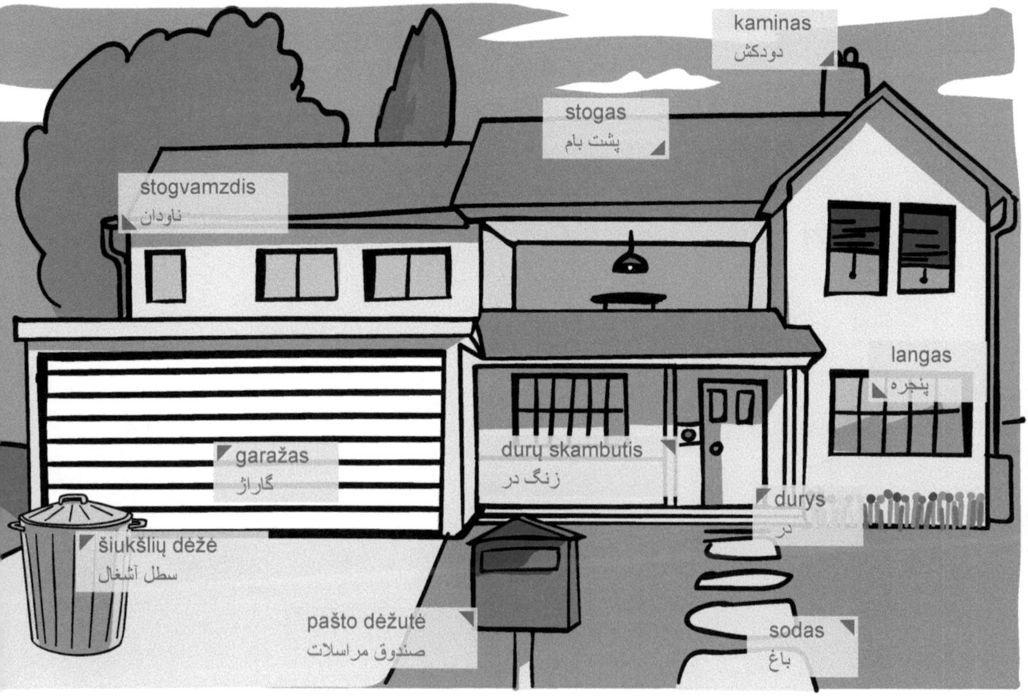
kaminas
دودکش
stogas
پشت بام
stogvamzdis
ناودان
langas
پنجره
garažas
گاراژ
durų skambutis
زنگ در
durys
در
šiukšlių dėžė
سطل آشغال
pašto dėžutė
صندوق مراسلات
sodas
باغ

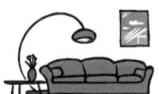

svetainė

اتاق نشیمن

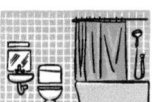

vonios kambarys

حمام

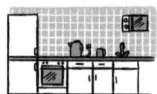

virtuvė

آشپزخانه

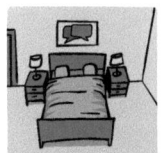

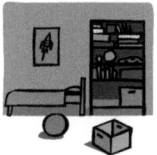

miegamasis

اتاق خواب

vaiko kambarys

اتاق بچه

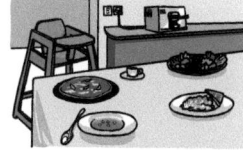

valgomasis

ناهارخوری

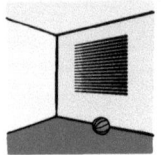

grindys

کف زمین

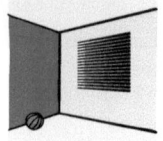

siena

دیوار

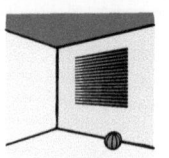

lubos

سقف

rūsys

زیرزمین

sauna

سونا

balkonas

بالکن

terasa

تراس

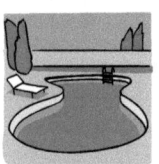

baseinas

استخر

žoliapjovė

ماشین چمنزنی

paklodė

ملافه

lovatiesė

روتختی

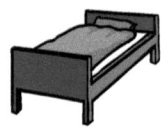

lova

تخت خواب

šluota

جارو

kibiras

سطل

jungiklis

سوییچ یا کلید

svetainė
اتاق نشیمن

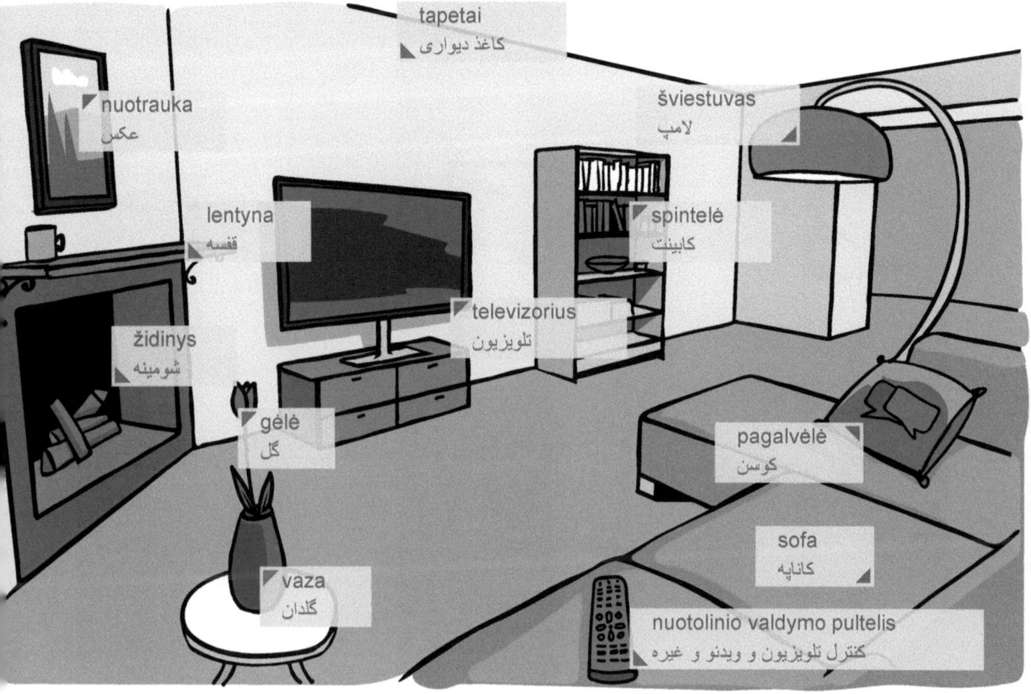

tapetai
کاغذ دیواری
nuotrauka
عکس
šviestuvas
لامپ
lentyna
قفسه
spintelė
کابینت
televizorius
تلویزیون
židinys
شومینه
gėlė
گل
pagalvėlė
کوسن
sofa
کاناپه
vaza
گلدان
nuotolinio valdymo pultelis
کنترل تلویزیون و ویدئو و غیره

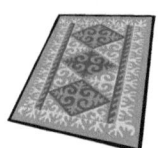

kilimas

فرش

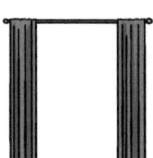

užuolaida

پرده

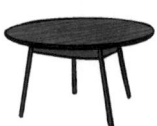

stalas

میز

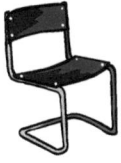

kėdė

صندلی

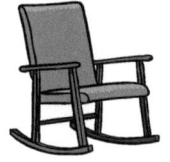

supamasis krėslas

صندلی گهواره ایی

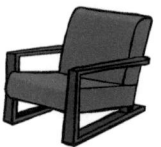

fotelis

صندلی راحتی

knyga

كتاب

antklodė

لحاف

papuošimai

دكوراسيون

malkos

هیزم

filmas

فیلم

stereo aparatūra

دستگاه ضبط صوت

raktas

کلید

laikraštis

روزنامه

paveikslas

تابلو نقاشی

plakatas

پوستر

radijas

رادیو

užrašų knygelė

دفترچه یادداشت

dulkių siurblys

جاروبرقی

kaktusas

کاکتوس

žvakė

شمع

virtuvė
آشپزخانه

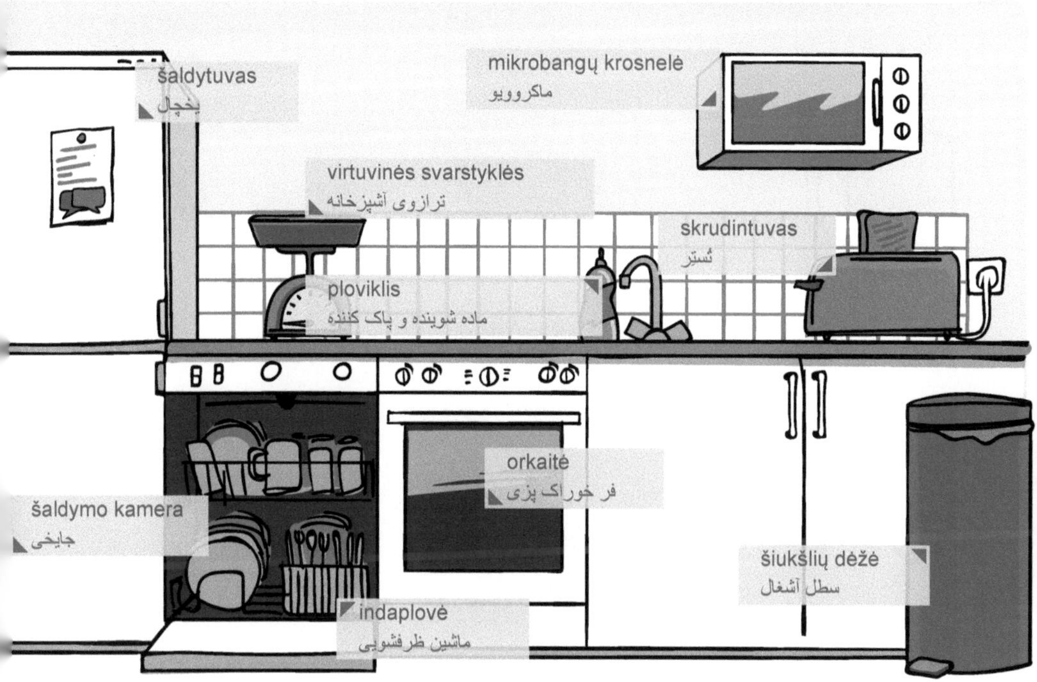

šaldytuvas یخچال

mikrobangų krosnelė ماکروویو

virtuvinės svarstyklės ترازوی آشپزخانه

skrudintuvas تُستر

ploviklis ماده شوینده و پاک کننده

orkaitė فر خوراک پزی

šaldymo kamera جایخی

šiukšlių dėžė سطل آشغال

indaplovė ماشین ظرفشویی

viryklė اجاق گاز

puodas قابلمه

ketaus puodas قابلمه چدنی

„wok" keptuvė ماهی تابه گود

keptuvė ماهی تابه

virdulys کتری

آشپزخانه - virtuvė   35

garų puodas

بخاریز

kepimo skarda

سینی فر

porceliano indai

ظرف چینی آشپزخانه

puodelis

لیوان

dubuo

کاسه

valgomosios lazdelės

چاپستیک

samtis

ملاقه

mentelė

کفگیر

plaktuvas

همزن

koštuvas

آبکش

sietas

آبکش

trintuvė

رنده

grūstuvė

هاون

kepsninė

باربیکیو

atvira liepsna

محل مخصوص افروختن آتش

pjaustymo lentelė

تخته گوشت و سبزی

kočėlas

وردنه

kamščiatraukis

در بطری بازکن

skardinė

قوطی

skardinių atidarytuvas

در قوطی بازکن

puodkėlė

دستگیره پارچه ای

kriauklė

سینک ظرفشویی

šepetys

برس گردگیری

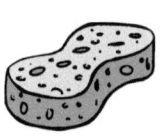

kempinė

اسفنج

trintuvas

مخلوط کن

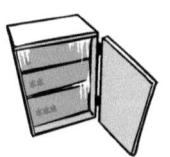

šaldiklis

فریزر

kūdikių buteliukas

شیشه شیر بچه

čiaupas

شیر آب

vonios kambarys

حمام

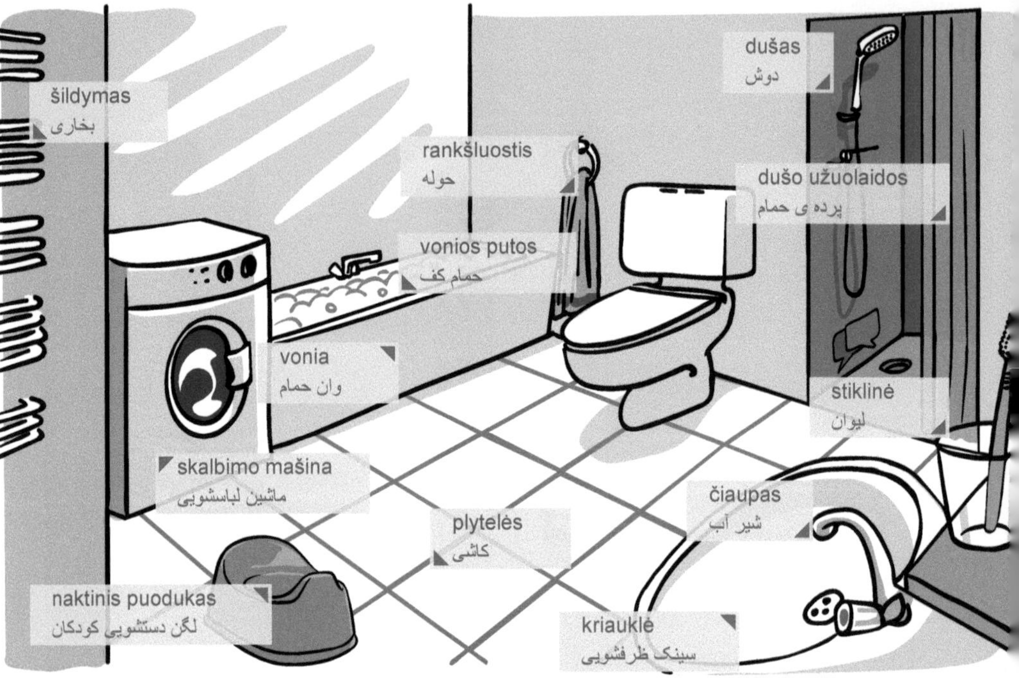

dušas
دوش
šildymas
بخاری
rankšluostis
حوله
dušo užuolaidos
پرده ی حمام
vonios putos
حمام کف
vonia
وان حمام
stiklinė
لیوان
skalbimo mašina
ماشین لباسشویی
čiaupas
شیر آب
plytelės
کاشی
naktinis puodukas
لگن دستشویی کودکان
kriauklė
سینک ظرفشویی

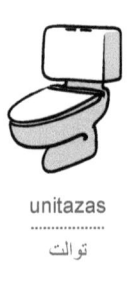

unitazas

توالت

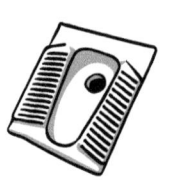

tupimasis unitazas

توالت ایرانی

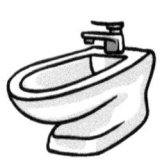

bidė

کاسه توالت

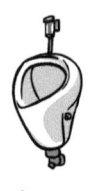

pisuaras

توالت مخصوص آقایان

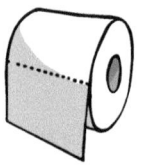

tualetinis popierius

دستمال توالت

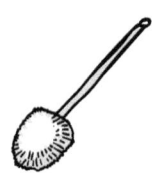

unitazo šepetys

فرچه توالت

dantų šepetėlis

مسواک

dantų pasta

خمیردندان

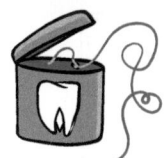

dantų siūlas

نخ دندان

plauti

شستن

dušo galvutė

دوش آب تلفنی

higieninis dušas

شلنگ توالت

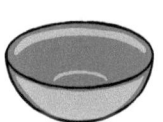

praustuvas

لگن روشویی

nugaros plaušinė

برس شست و شوی پشت

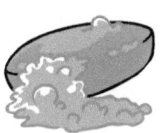

muilas

صابون

dušo želė

شامپو بدن

šampūnas

شامپو

plaušinė

لیف حمام

kanalizacija

راه آب

kremas

کرم

dezodorantas

اسپری دئودورانت

veidrodis

آیینه

veidrodėlis

آیینه ی کوچک دستی

skustuvas

تیغ ریش تراشی

skutimosi putos

کف ریش تراشی

losjonas po skutimosi

أفترشیو

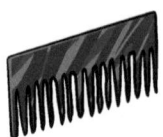

šukos

شانه ی سر

šepetys

برس

plaukų džiovintuvas

سشوار

plaukų lakas

اسپری مو

makiažas

آرایش

lūpdažis

رژلب

nagų lakas

لاک ناخن

vata

پنبه

žirklutės nagams

قیچی ناخن

kvepalai

عطر

maišelis skalbiniams

كيف لوازم آرايشى و بهداشتى

taburetė

چهارپايه

svarstyklės

ترازو

chalatas

حوله ى پالتويى

guminės pirštinės

دستكش ظرفشويى

tamponas

تامپون

higieninis įklotas

نوار بهداشتى

biotualetas

توالت سيار

vaiko kambarys

اتاق بچه

žadintuvas
ساعت زنگدار
pliušinis žaislas
نوعی عروسک نرم به شکل حیوانات
žaislinė mašinėlė
ماشین اسباب بازی
barškutis
جغجغه
lėlės namelis
خانه ی عروسکی
dovana
کادو

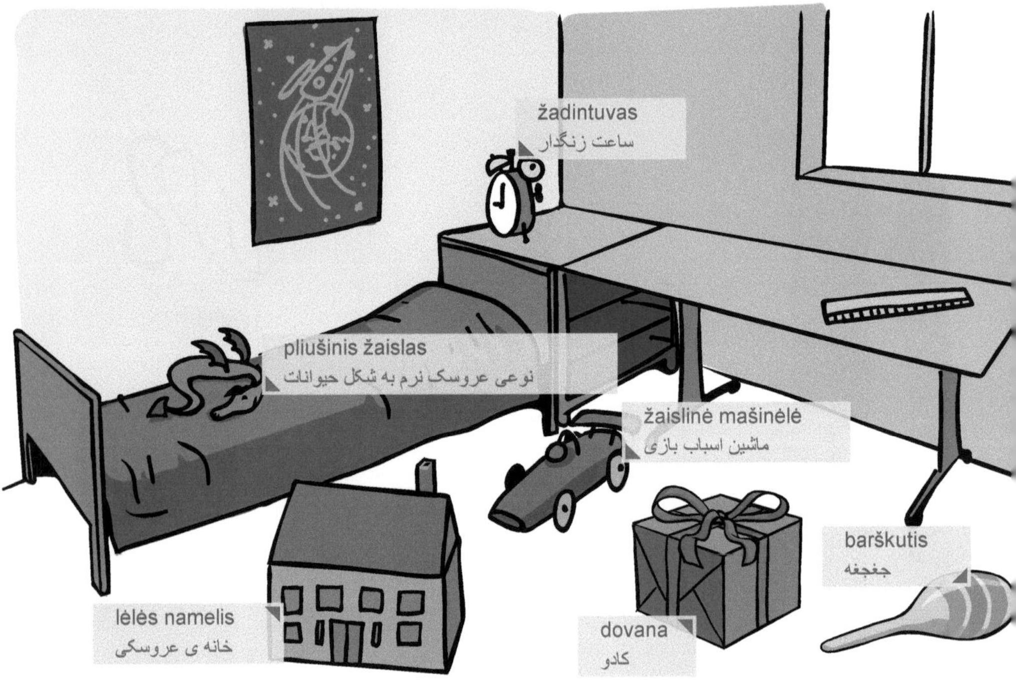

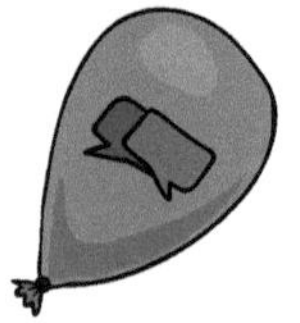

balionas

بادکنک

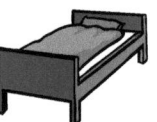

lova

تخت خواب

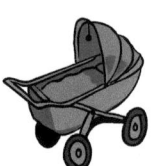

vaikiškas vežimėlis

کالسکه بچه

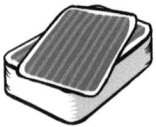

kortų malka

بازی ورق

delionė

پازل

SUPER
MEGA

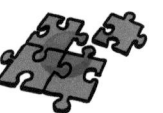

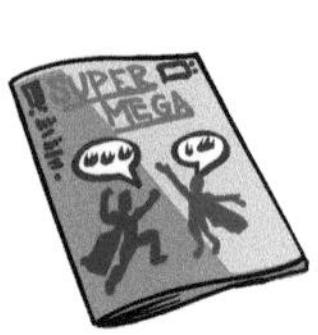

komiksai

داستان مصور

lego kaladėlės

اسباب بازی لگو

žaislinės kaladėlės

خانه سازی

figūrėlė

عروسک شخصیت های فیلم و کارتون

šliaužtinukai

لباس نوزاد

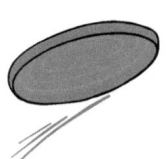

mėtymo lėkštė

فریزبی

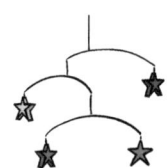

karuselė

نوعی اسباب بازی که روی تخت نوزاد
یا کودک نصب می شود

stalo žaidimas

بازی روی صفحه

kauliukai

تاس

žaislinis traukinys

قطار اسباب بازی

žindukas

پستانک

vakarėlis

مهمانی

paveiksliukų knygelė

کتاب مصور

kamuolys

توپ

lėlė

عروسک

žaisti

بازی کردن

smėlio dėžė

جعبه شنی مخصوص بازی کودکان

sūpynės

تاب

žaislai

اسباب بازی

žaidimų konsolė

کنسول بازی های کامپیوتری

triratukas

سه چرخه

meškiukas

خرس عروسکی

drabužių spinta

کمد لباس

drabužis

لباس

kojinės

جوراب

kojinės virš kelių

جوراب زنانه ساق بلند

pėdkelnės

جوراب شلواری

šalikas
شال

skėtis
چتر

marškinėliai
تی شرت

diržas
کمربند

ilgaauliai batai
پوتین

šlepetės
دمپایی

sportbačiai
کفش ورزشی کتانی

sandalai
....
صندل

batai
....
کفش

guminiai batai
....
چکمه پلاستیکی

trumpikės
....
شرت

liemenėlė
....
سوتین

liemenė
....
جلیقه

glaustinukė

بادى

kelnės

شلوار

džinsai

جين

sijonas

دامن

palaidinė

بلوز

marškiniai

پيراهن

megztinis

پوليور

megztinis su gobtuvu

سويى شرت

švarkelis

نوعى كت

švarkas

ژاكت

paltas

كت بلند

lietpaltis

بارانى

kostiumas

لباس نمايش

suknelė

لباس

vestuvinė suknelė

لباس عروس

kostiumas

کت و شلوار

naktiniai marškiniai

لباس خواب زنانه

pižama

پیژامه

saris

ساری

skarelė

روسری

tiurbanas

عمامه

burka

برقع

kaftanas

قبا

abaja

عبا

maudymosi kostiumėlis

لباس شنا

glaudės

شرت شنا

šortai

شلوارک

sportinis kostiumas

لباس ورزشی

prijuostė

پیشبند

pirštinės

دستکش

saga

دکمه

akiniai

عینک

apyrankė

دستبند

vėrinys

گردنبند

žiedas

انگشتر

auskaras

گوشواره

kepurė

کلاه لبه دار

pakabas

چوب لباسی

skrybėlė

کلاه

kaklaraištis

کراوات

užtrauktukas

زیپ

šalmas

کلاه ایمنی

breketai

بند شلوار

mokyklinė uniforma

لباس مدرسه

uniforma

لباس فرم

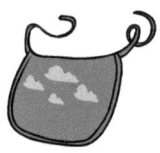

seilinukas

پیش بند بچه

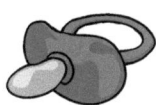

žindukas

پستانک

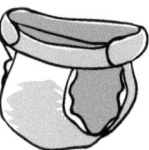

vystyklai

پوشک بچه

biuras

اداره

serveris
سرور
dokumentų spinta
کمد نگهداری پرونده
popierius
کاغذ
spausdintuvas
چاپگر
vaizduoklis
مانیتور
pelė
ماوس
rašomasis stalas
میز تحریر
aplankas
زونکن
klaviatūra
صفحه کلید
šiukšliadėžė
سبد کاغذ باطله
kompiuteris
کامپیوتر
kėdė
صندلی

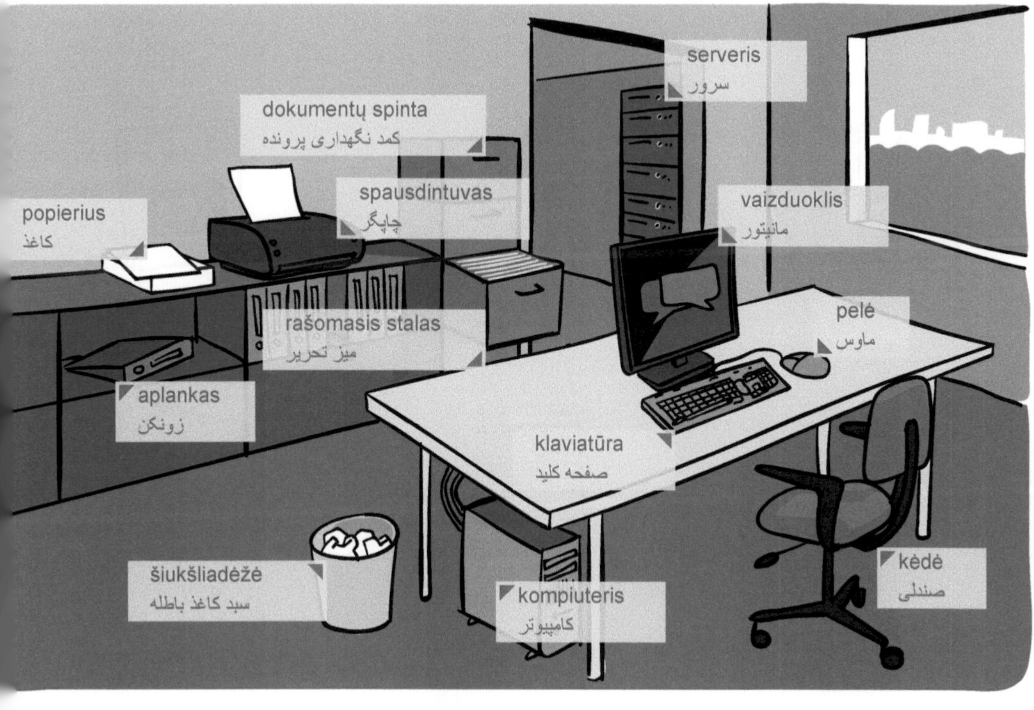

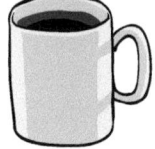

kavos puodelis

لیوان قهوه

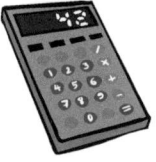

kalkuliatorius

ماشین حساب

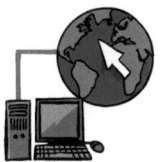

internetas

اینترنت

nešiojamasis kompiuteris

لپ تاپ

laiškas

نامه

žinutė

پیغام

mobilusis telefonas

تلفن همراه

tinklas

شبکه ی ارتباطی

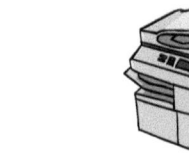

fotokopijavimo aparatas

دستگاه فتوکپی

programinė įranga

نرم افزار

telefonas

تلفن

kištukinis lizdas

پریز

faksas

دستگاه فاکس

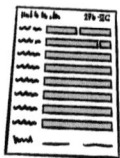

forma

فرم

dokumentas

مدرک

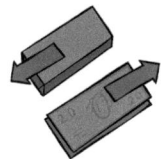

pirkti

خریدن

mokėti

پرداخت کردن

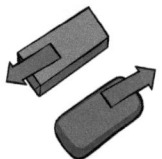

prekiauti

تجارت کردن

pinigai

پول

doleris

دلار

euras

یورو

jena

ین

rublis

روبل

Šveicarijos frankas

فرانک سوئیس

juanis

یوان رنمینبی

rupija

روپیه

bankomatas

دستگاه خودپرداز

valiutos keitykla

صرافی

auksas

طلا

sidabras

نقره

nafta

نفت

energija

انرژی

kaina

قیمت

sutartis

قرارداد

mokestis

مالیات

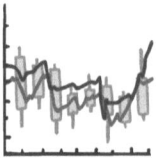

akcijos

سهام سرمایه

dirbti

کار کردن

darbuotojas

کارمند

darbdavys

کارفرما

gamykla

کارخانه

parduotuvė

مغازه

profesijos

مشاغل

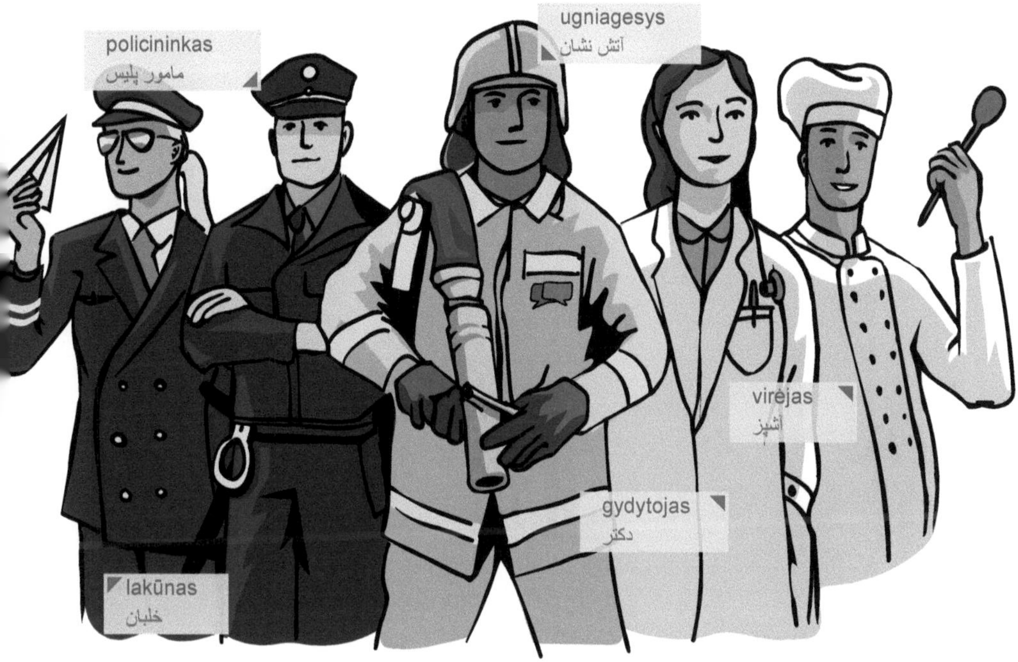
policininkas
مامور پلیس
ugniagesys
آتش نشان
virėjas
آشپز
gydytojas
دکتر
lakūnas
خلبان

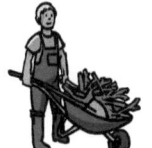

sodininkas

باغبان

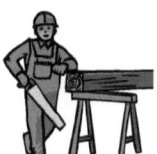

stalius

نجار

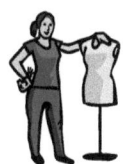

siuvėja

خیاط زنانه

teisėjas

قاضی

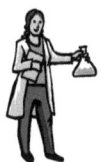

chemikas

شیمیدان

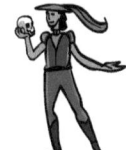

aktorius

بازیگر

autobuso vairuotojas

راننده اتوبوس

taksi vairuotojas

راننده تاکسی

žvejys

ماهیگیر

valytoja

نظافتچی زن

stogdengys

سقف ساز

padavėjas

پیشخدمت رستوران

medžiotojas

شکارچی

dailininkas

نقاش

kepėjas

نانوا

elektrikas

برقکار

statybininkas

کارگر ساختمانی

inžinierius

مهندس

mėsininkas

قصاب

santechnikas

لوله کش

paštininkas

پستچی

kareivis

سرباز

architektas

معمار

kasininkas

صندوقدار

gėlininkas

گل فروش

kirpėjas

آرایشگر

konduktorius

مامور کنترل بلیط در قطار

mechanikas

مکانیک

kapitonas

ناخدا

odontologas

دندانپزشک

mokslininkas

دانشمند

rabinas

عالم یهودی

imamas

امام

vienuolis

راهب

kunigas

کشیش

įrankiai
ابزارآلات

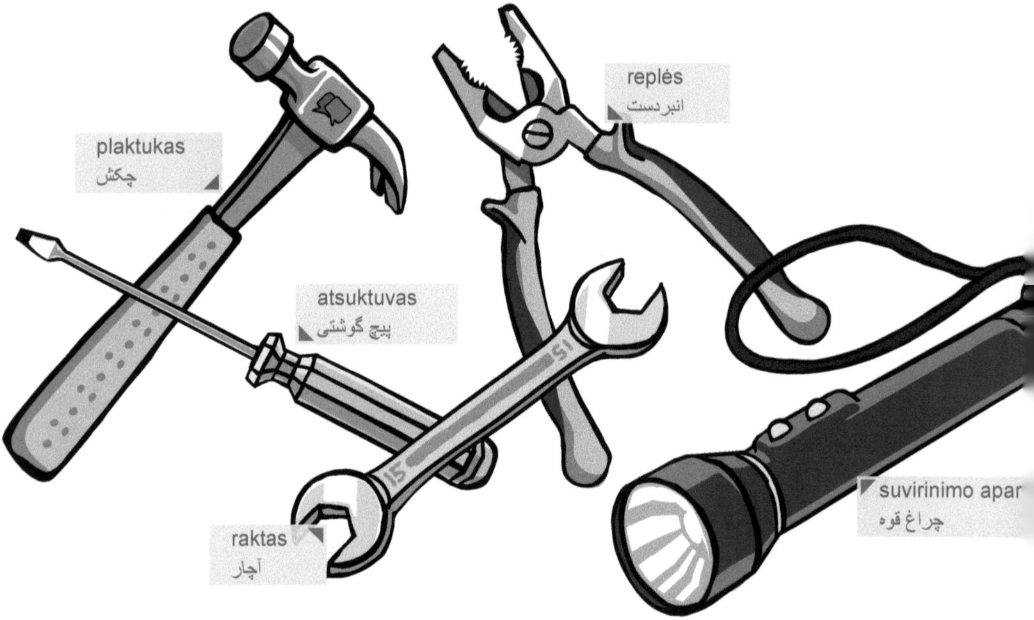

plaktukas
چکش
replės
انبردست
atsuktuvas
پیچ گوشتی
raktas
آچار
suvirinimo apar
چراغ قوه

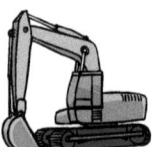

ekskavatorius
....
بیل مکانیکی

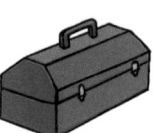

įrankių dėžė
....
جعبه ابزار

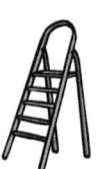

kopėčios
....
نردبان

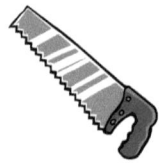

pjūklas
....
ارّه

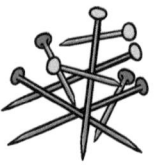

vinys
....
میخ

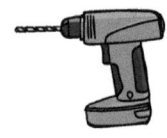

grąžtas
....
مته

taisyti
تعمیر کردن

kastuvas
بیل

Velniava!
لعنتی!

semtuvėlis
خاک انداز

dažų skardinė
سطل رنگرزی

varžtai
پیچ

muzikos instrumentai
آلات موسیقی

būgnų rinkinys
درامز

garsiakalbis
بلندگو

gitara
گیتار

kontrabosas
کنترباس

trimitas
ترومپت

pianinas

پیانو

smuikas

ویولن

bosinė gitara

گیتار بیس

timpanas

تیمپانی

būgnai

طبل

sintezatorius

کیبورد الکتریک

saksofonas

ساکسیفون

fleita

فلوت

mikrofonas

میکروفون

zoologijos sodas

باغ وحش

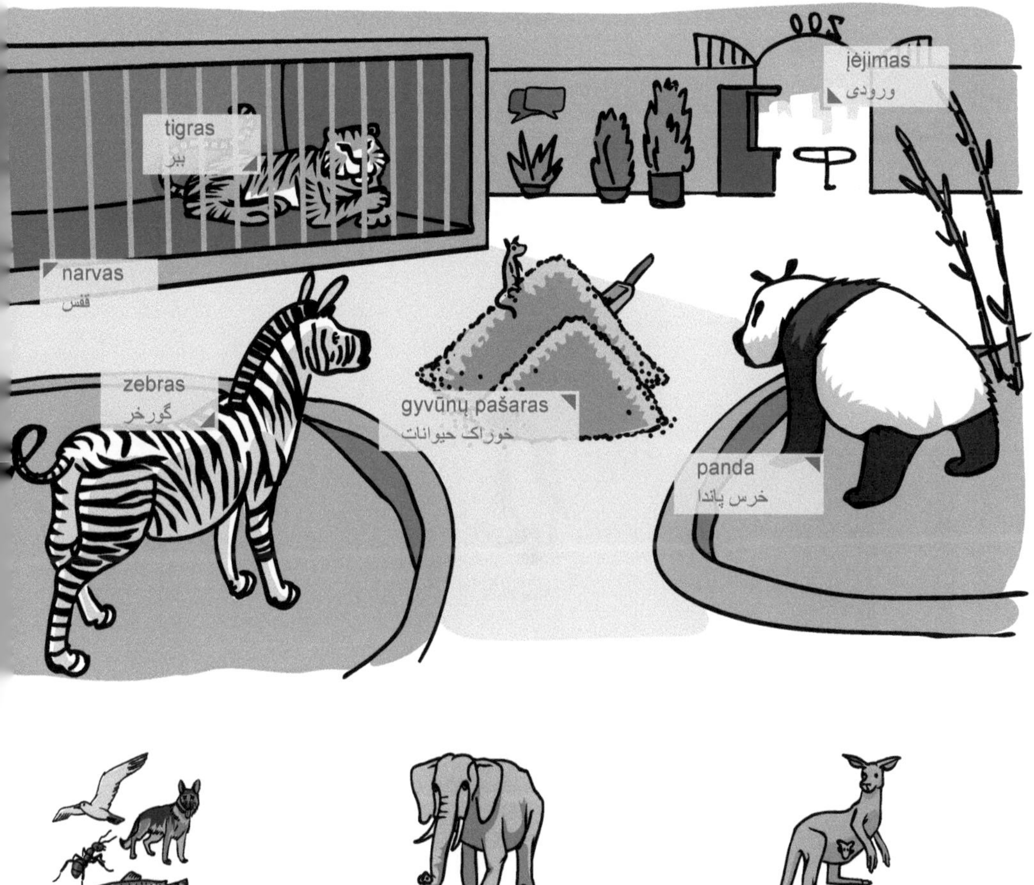

ZOO
įėjimas
ورودی
tigras
ببر
narvas
قفس
zebras
گورخر
gyvūnų pašaras
خوراک حیوانات
panda
خرس پاندا

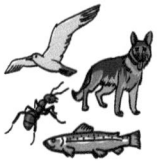

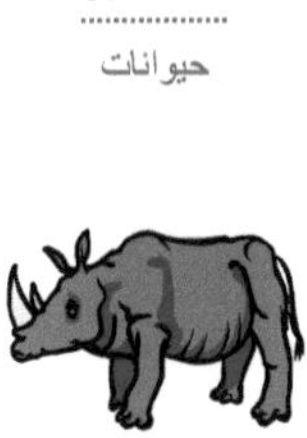

gyvūnai

حیوانات

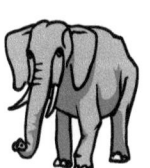

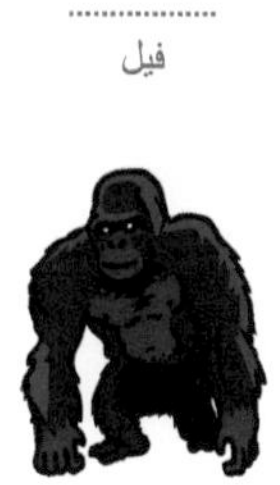

dramblys

فیل

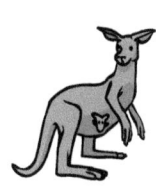

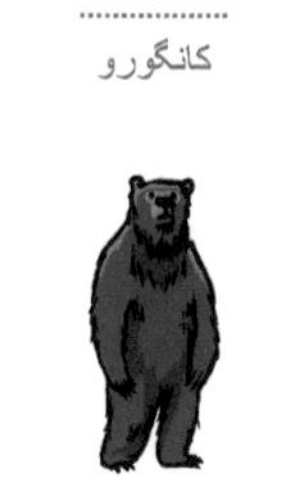

kengūra

کانگورو

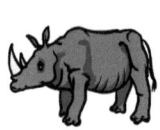

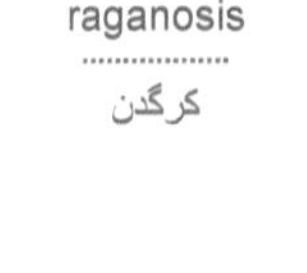

raganosis

کرگدن

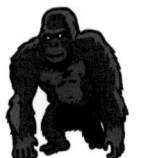

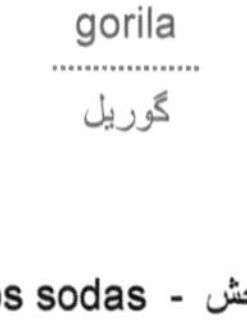

gorila

گوریل

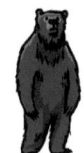

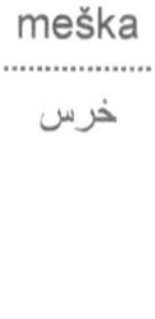

meška

خرس

kupranugaris

شتر

strutis

شترمرغ

liūtas

شیر

beždžionė

میمون

flamingas

فلامینگو

papūga

طوطی

baltoji meška

خرس قطبی

pingvinas

پنگوئن

ryklys

کوسه

povas

طاووس

gyvatė

مار

krokodilas

تمساح

zoologijos sodo prižiūrėtojas

نگهبان باغ وحش

ruonis

خوک آبی

jaguaras

پلنگ امریکایی

ponis

اسب کوچک

leopardas

پلنگ

begemotas

اسب آبی

žirafa

زرافه

erelis

عقاب

šernas

گراز

žuvis

ماهی

vėžlys

لاک پشت

vėplys

شیرماهی

lapė

روباه

gazelė

غزال

amerikietiškas futbolas
فوتبال آمریکایی

dviračių sportas
دوچرخه سواری

tenisas
تنیس

krepšinis
بسکتبال

plaukimas
شنا

boksas
بوکس

ledo ritulys
هاکی روی یخ

futbolas
....
فوتبال

badmintonas
....
بدمینتون

atletika
....
دوومیدانی

rankinis
....
هندبال

slidinėjimas
....
اسکی

polas
....
پولو

užsiėmimai
فعالیت ها

juoktis
خندیدن
šokinėti
پریدن
apkabinti
بغل کردن
vaikščioti
راه رفتن
dainuoti
آواز خواندن
svajoti
رؤیا دیدن
melstis
دعا کردن
bučiuoti
بوسیدن

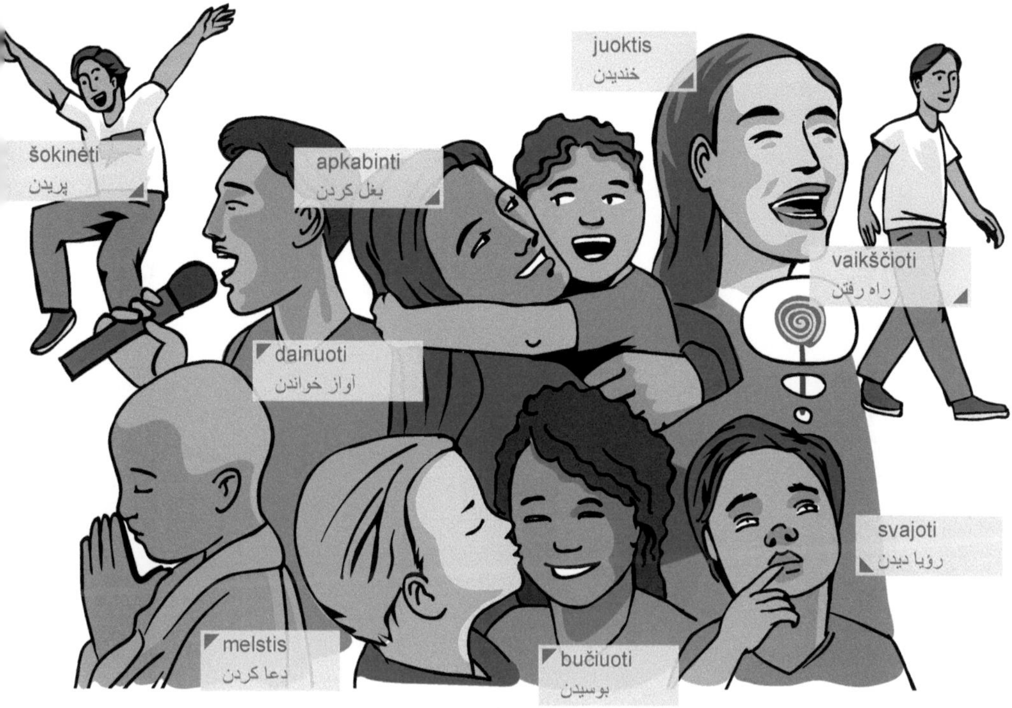

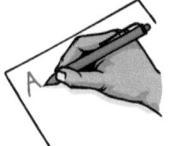

rašyti
نوشتن

piešti
رسم کردن

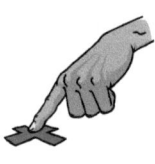

rodyti
نشان دادن

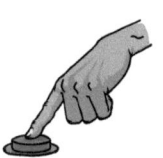

stumti
هل دادن

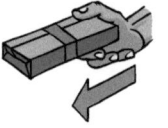

duoti
دادن

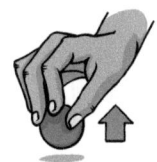

imti
برداشتن

turéti

داشتن

daryti

انجام دادن

būti

بودن

stovéti

ایستادن

bégti

دویدن

traukti

کشیدن

mesti

پرتاب کردن

kristi

افتادن

meluoti

دراز کشیدن

laukti

منتظر بودن

nešti

حمل کردن

sédéti

نشستن

rengtis

لباس پوشیدن

miegoti

خوابیدن

pabusti

بیدار شدن

žiūrėti

تماشا کردن

verkti

گریه کردن

glostyti

نوازش کردن

šukuoti

شانه کردن

kalbėti

حرف زدن

suprasti

فهمیدن

paklausti

پرسیدن

klausytis

شنیدن

gerti

آشامیدن

valgyti

خوردن

tvarkytis

مرتب کردن

mylėti

عاشق بودن

gaminti

پختن

vairuoti

رانندگی کردن

skristi

پرواز کردن

buriuoti

قایقرانی کردن

skaičiuoti

محاسبه کردن

skaityti

خواندن

mokytis

یاد گرفتن

dirbti

کار کردن

vesti

ازدواج کردن

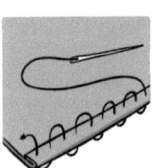

siūti

دوختن

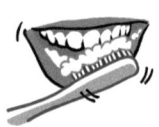

valytis dantis

مسواک زدن

žudyti

کشتن

rūkyti

سیگار کشیدن

siųsti

فرستادن

šeima
خانواده

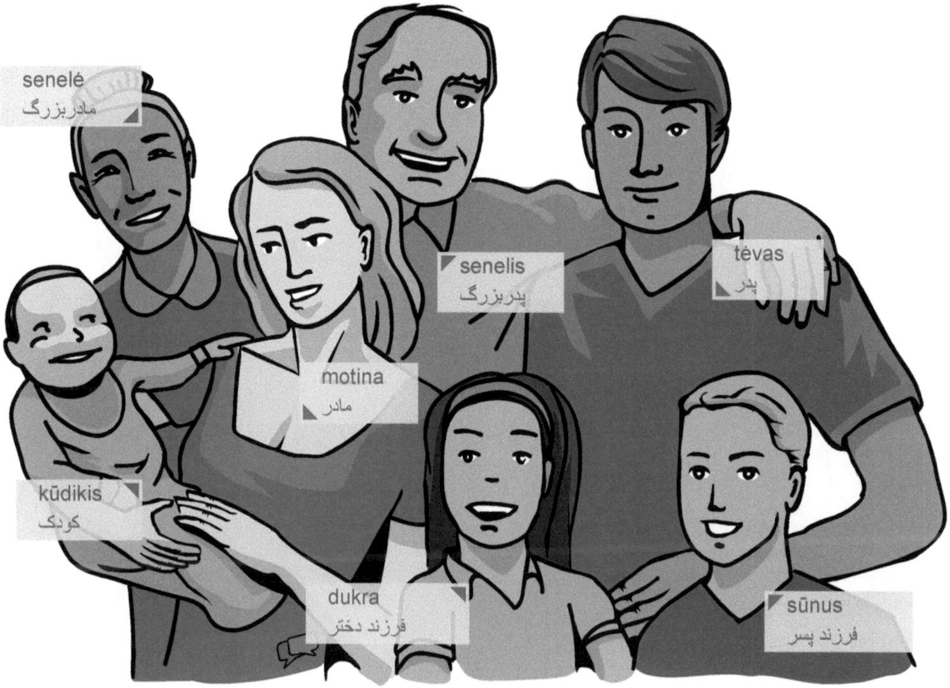
senelė
مادربزرگ
senelis
پدربزرگ
tėvas
پدر
motina
مادر
kūdikis
کودک
dukra
فرزند دختر
sūnus
فرزند پسر

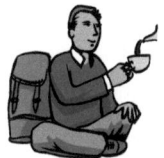

svečias
مهمان

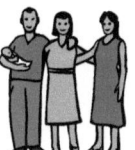

teta
خاله، عمه

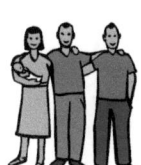

dėdė
دایی، عمو

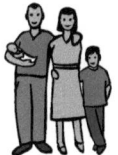

brolis
برادر

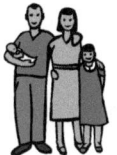

sesuo
خواهر

kūnas

بدن

kakta
پیشانی
akis
چشم
petys
شانه
pirštas
انگشت دست
veidas
صورت
smakras
چانه
plaštaka
دست
koja
ساق پا
krūtinė
سینه
ranka
بازو

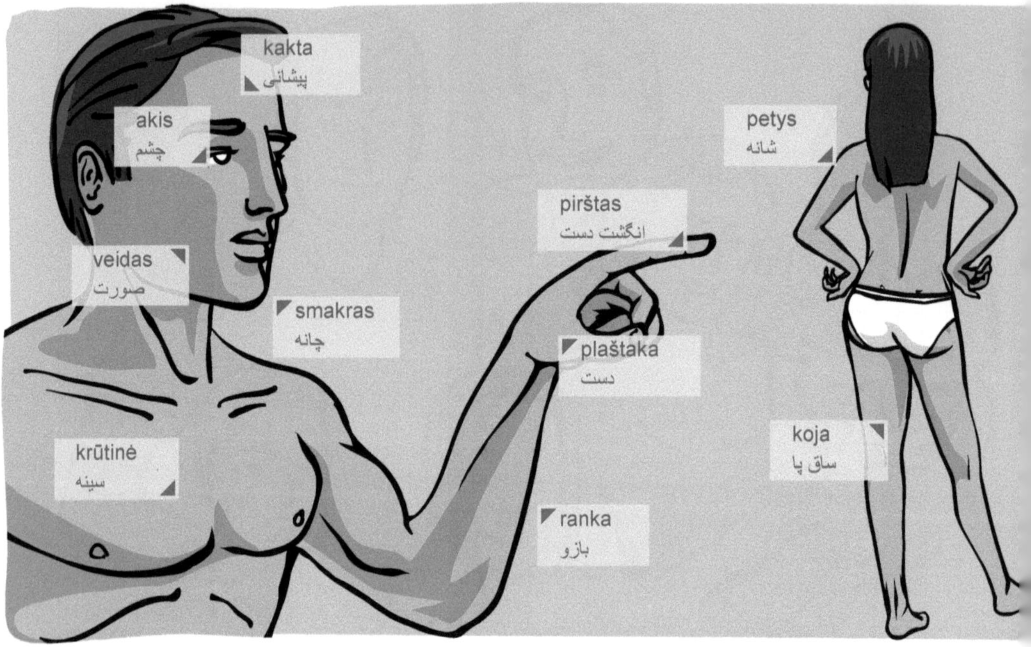

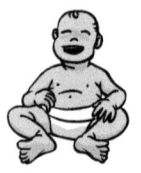

kūdikis

کودک

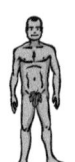

vyras

مرد

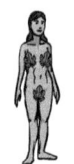

moteris

زن

mergaitė

دخترچه

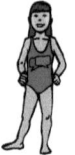

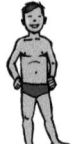

berniukas

پسربچه

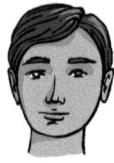

galva

کله

nugara

كمر

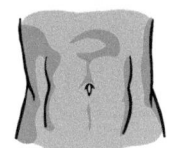

pilvas

شكم

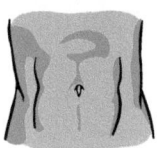

bamba

ناف

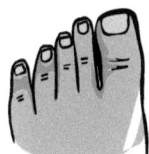

kojos pirštas

انگشت پا

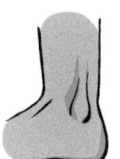

kulnas

پاشنه

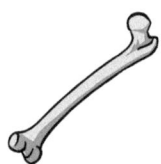

kaulas

استخوان

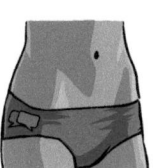

klubas

لگن

kelis

زانو

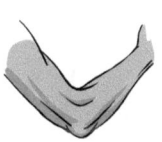

alkūnė

آرنج

nosis

بینی

sėdmenys

نشیمنگاه

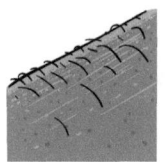

oda

پوست

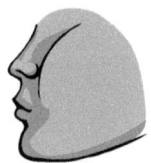

skruostas

گونه

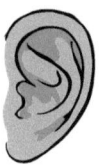

ausis

گوش

lūpa

لب

burna

دهان

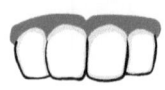

dantis

دندان

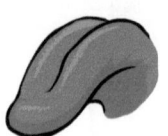

liežuvis

زبان

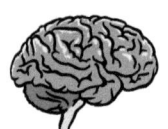

smegenys

مغز

širdis

قلب

raumuo

عضله

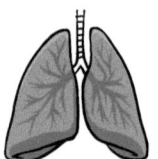

plaučiai

ریه

kepenys

کبد

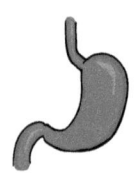

skrandis

معده

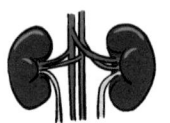

inkstai

کلیه

seksas

آمیزش جنسی

prezervatyvas

کاندوم

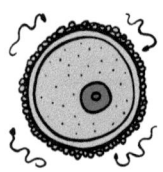

kiaušialąstė

تخمک

sperma

اسپرم

nėštumas

حاملگی

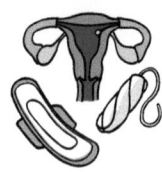

menstruacijos

پریود

makštis

واژن

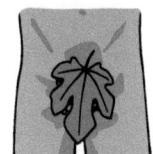

varpa

آلت تناسلی مرد

antakis

ابرو

plaukai

مو

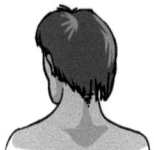

kaklas

گردن

ligoninė

بیمارستان

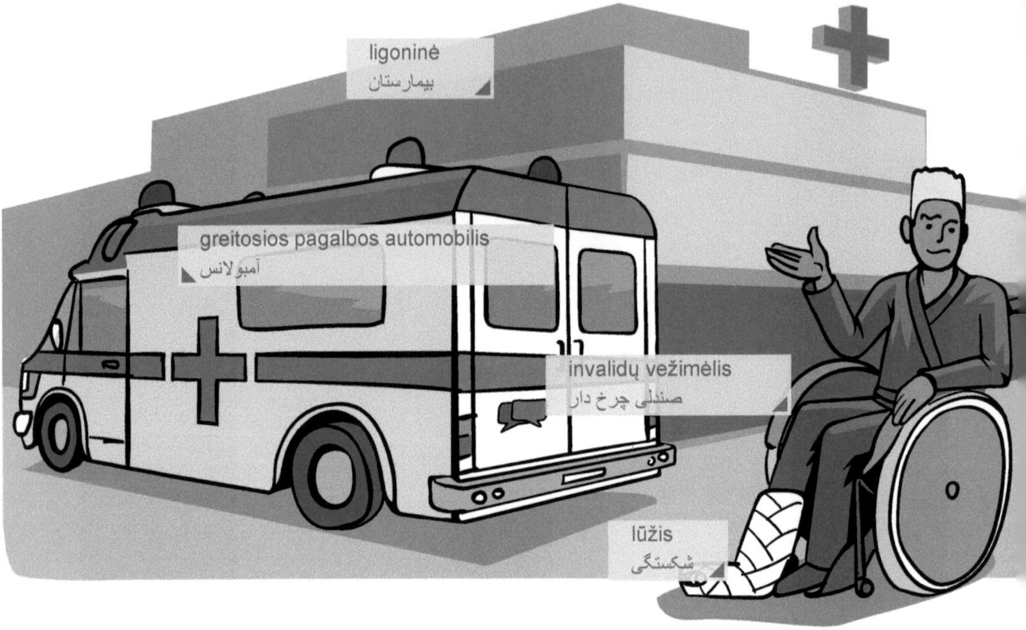

ligoninė
بیمارستان
greitosios pagalbos automobilis
آمبولانس
invalidų vežimėlis
صندلی چرخ دار
lūžis
شکستگی

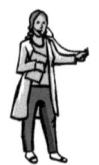

gydytojas

دکتر

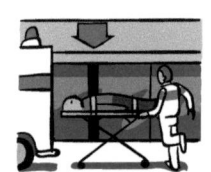

skubios pagalbos skyrius

بخش اورژانس

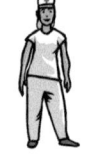

slaugytoja

پرستار

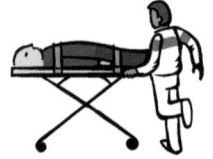

nelaimingas atsitikimas

موقعیت اضطراری

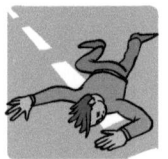

be sąmonės

بی هوش

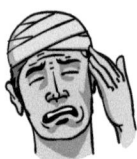

skausmas

درد

sužalojimas

مصدومیت

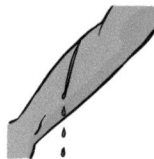

kraujavimas

خونریزی

širdies smūgis

سکته قلبی

insultas

سکته مغزی

alergija

آلرژی

kosulys

سرفه

karščiavimas

تب

gripas

آنفولانزا

viduriavimas

اسهال

galvos skausmas

سردرد

vėžys

سرطان

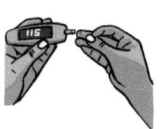

diabetas

دیابت

chirurgas

جراح

skalpelis

چاقوی جراحی

operacija

عمل جراحی

KT

سی تی اسکن

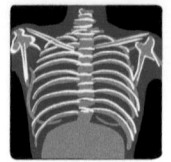

rentgenas

پرتونگاری

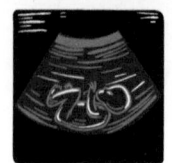

ultragarsas

سونوگرافی

veido kaukė

ماسک صورت

liga

بیماری

laukiamasis

اتاق انتظار

ramentas

چوب زیر بغل

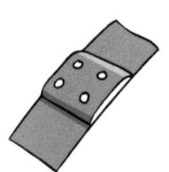

gipsas

چسب زخم

tvarstis

پانسمان

injekcija

تزریق

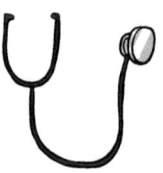

stetoskopas

گوشی طبی

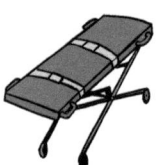

neštuvai

برانکار

termometras

دماسنج

gimimas

زایش

antsvoris

اضافه وزن

klausos aparatas

سمعک

dezinfekavimo priemonė

ماده ضد غفونی کننده

infekcija

عفونت

virusas

ویروس

ŽIV / AIDS

اچ آی وی / ایدز

vaistas

دارو

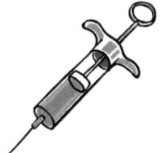

skiepijimas

واکسیناسیون

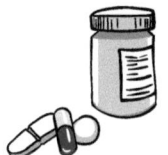

tabletės

قرص

piliulė

قرص ضد حاملگی

skubios pagalbos numeris

تماس اظطراری

kraujospūdžio matuoklis

دستگاه اندازه گیری فشارخون

ligotas / sveikas

مریض / سالم

Padėkite!

کمک!

pavojaus signalas

آژیر خطر

užpuolimas

حمله

ataka

حمله ی فیزیکی

pavojus

خطر

avarinis išėjimas

خروج اظطراری

Gaisras!

آتش

gesintuvas

کپسول آتش‌نشانی

nelaimingas atsitikimas

تصادف

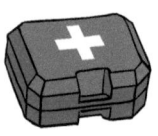

pirmosios pagalbos rinkinys

جعبه کمک های اولیه

SOS

درخواست کمک

policija

پلیس

Europa

اروپا

Šiaurės Amerika

آمریکای شمالی

Pietų Amerika

آمریکای جنوبی

Afrika

آفریقا

Azija

آسیا

Australija

استرالیا

Atlanto vandenynas

اقیا نوس اطلس

Ramusis vandenynas

اقیانوس آرام

Indijos vandenynas

اقیانوس هند

Pietų vandenynas

اقیا نوس اطلس جنوبی

Arkties vandenynas

اقیانوس منجمد شمالی

Šiaurės ašigalis

قطب شمال

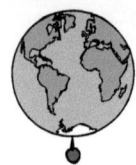

Pietų ašigalis

قطب جنوب

Antarktida

قاره قطب جنوب

Žemė

کره زمین

sausuma

سرزمین

jūra

دریا

sala

جزیره

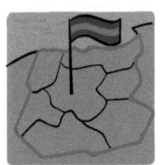

tauta

ملت

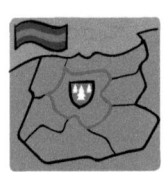

valstybė

کشور

ciferblatas

صفحه ى ساعت

valandinė rodyklė

ساعت شمار

minutinė rodyklė

دقیقه شمار

sekundinė rodyklė

ثانیه شمار

Kiek valandų?

ساعت چند است؟

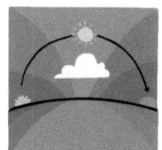

diena

روز

laikas

زمان

dabar

اکنون

skaitmeninis laikrodis

ساعت دیجیتال

minutė

دقیقه

valanda

ساعت

savaitė

هفته

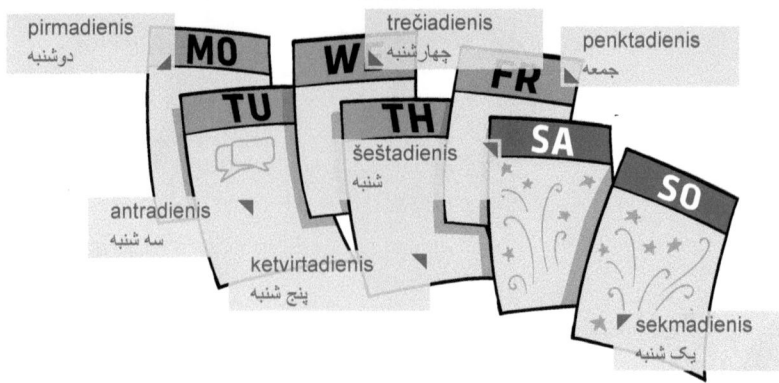

pirmadienis
دوشنبه

trečiadienis
چهارشنبه

penktadienis
جمعه

antradienis
سه شنبه

šeštadienis
شنبه

ketvirtadienis
پنج شنبه

sekmadienis
یک شنبه

vakar

دیروز

šiandien

امروز

rytoj

فردا

rytas

صبح

vidurdienis

ظهر

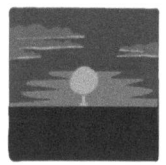

vakaras

غروب

MO	TU	WE	TH	FR	SA	SU
1	2	3	4	5	6	7
8	9	10	11	12	13	14
15	16	17	18	19	20	21
22	23	24	25	26	27	28
29	30	31	1	2	3	4

darbo dienos

روزهای کاری

MO	TU	WE	TH	FR	SA	SU
1	2	3	4	5	6	7
8	9	10	11	12	13	14
15	16	17	18	19	20	21
22	23	24	25	26	27	28
29	30	31	1	2	3	4

savaitgalis

آخر هفته

metai
سال

lietus
باران
vaivorykštė
رنگین کمان
sniegas
برف
vėjas
باد
pavasaris
بهار
ruduo
پاییز
vasara
تابستان
žiema
زمستان

4.APRIL 11°
5.APRIL 4°
6.APRIL 13°
7.APRIL 8°
8.APRIL 10°

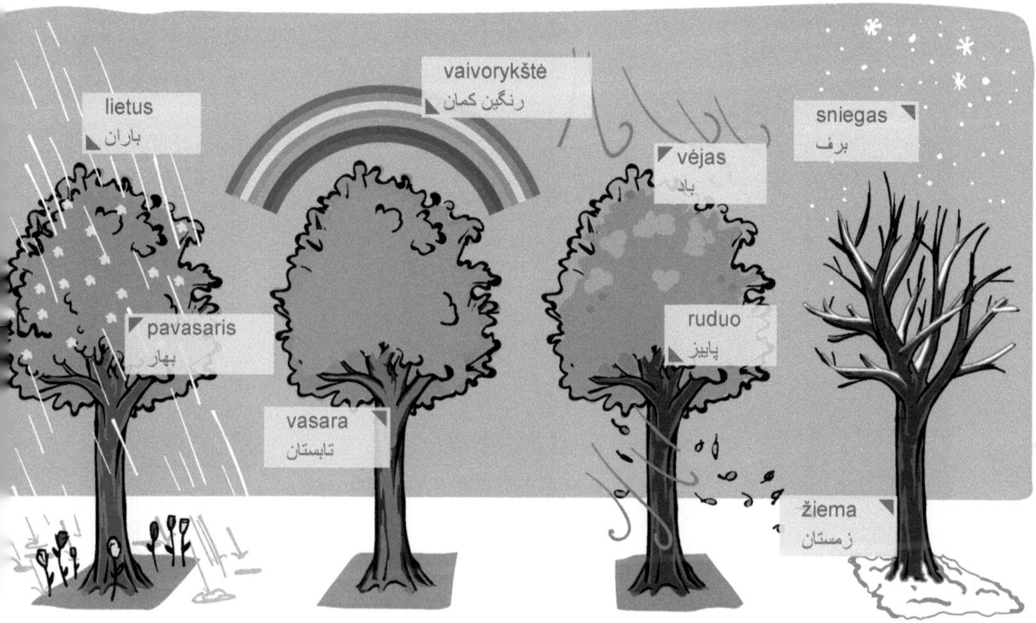

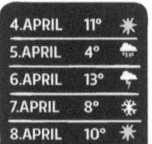

orų prognozė
پیش‌بینی اوضاع جوی

F C
120 40
90 30
60 20
30 10
0 0
-30 -10
-20

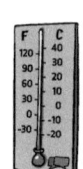

lauko termometras
دماسنج

saulės šviesa
تابش آفتاب

debesis
ابر

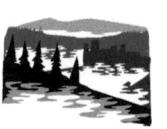

rūkas
مِه

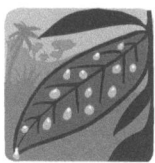

drėgmė
رطوبت هوا

žaibas

صاعقه

griaustinis

آسمان غره

audra

طوفان

kruša

تگرگ

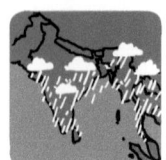

musonas

باد موسمی

potvynis

سیل

ledas

یخ

sausis

ژانویه

vasaris

فوریه

kovas

مارس

balandis

آوریل

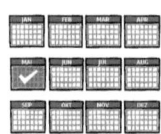

gegužė

مه

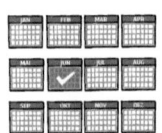

birželis

ژوئن

liepa

ژوئیه

rugpjūtis

آگوست

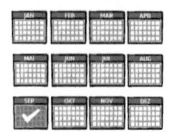

rugsėjis

سپتامبر

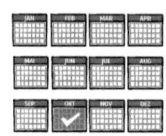

spalis

اكتبر

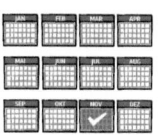

lapkritis

نوامبر

gruodis

دسامبر

apskritimas

دايره

kvadratas

مربع

stačiakampis

مستطيل

trikampis

سه گوش

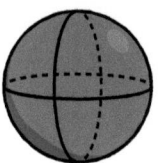

sfera

گره

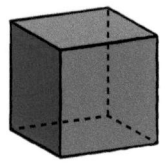

kubas

مكعب مربع

balta

سفید

geltona

زرد

oranžinė

نارنجی

rožinė

صورتی

raudona

قرمز

violetinė

بنفش

mėlyna

آبی

žalia

سبز

ruda

قهوه ای

pilka

خاکستری

juoda

سیاه

daug / mažai

خیلی / کم

piktas / ramus

خشمگین / آرام

gražus / bjaurus

زیبا / زشت

pradžia / pabaiga

شروع / پایان

didelis / mažas

بزرگ / کوچک

šviesus / tamsus

روشن / تیره

brolis / sesuo

برادر / خواهر

švarus / purvinas

تمیز / آلوده

užbaigtas / neužbaigtas

کامل / ناقص

diena / naktis

روز / شب

miręs / gyvas

مرده / زنده

platus / siauras

پهن / باریک

valgomas / nevalgomas

قابل خوردن / غیر قابل خوردن

piktas / malonus

غضبناک / مهربان

linksmas / nuobodus

هیجان زده / بی حوصله

storas / plonas

چاق / لاغر

pirmiausia / paskiausia

اولین / آخرین

draugas / priešas

دوست / دشمن

pilnas / tuščias

پر / خالی

kietas / minkštas

سفت / نرم

sunkus / lengvas

سنگین / سبک

alkis / troškulys

گرسنگی / تشنگی

ligotas / sveikas

مریض / سالم

nelegalus / legalus

غیرقانونی / قانونی

protingas / kvailas

باهوش / خنگ

kairė / dešinė

چپ / راست

arti / toli

نزدیک / دور

naujas / naudotas

نو / استفاده شده

niekas / kažkas

هیچ چیز / چیزی

senas / jaunas

پیر / جوان

įjungta / išjungta

روشن / خاموش

atidaryta / uždaryta

باز / بسته

tylus / garsus

آهسته / بلند

turtingas / vargšas

ثروتمند / فقیر

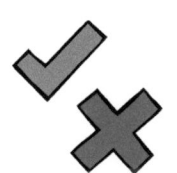

teisus / neteisus

درست / غلط

šiurkštus / švelnus

زبر / صاف

liūdnas / laimingas

غمگین / خوشحال

trumpas / ilgas

کوتاه / بلند

lėtas / greitas

کند / تند

drėgnas / sausas

تر / خشک

šiltas / šaltas

گرم / خنک

karas / taika

جنگ / صلح

0	**1**	**2**
nulis	vienas	du
صفر	یک	دو

3	**4**	**5**
trys	keturi	penki
سه	چهار	پنج

6	**7**	**8**
šeši	septyni	aštuoni
ششش	هفت	هشت

9	**10**	**11**
devyni	dešimt	vienuolika
نه	دَه	یازده

12

dvylika

دوازده

13

trylika

سیزده

14

keturiolika

چهارده

15

penkiolika

پانزده

16

šešiolika

شانزده

17

septyniolika

هفده

18

aštuoniolika

هجده

19

devyniolika

نوزده

20

dvidešimt

بیست

100

šimtas

صد

1.000

tūkstantis

هزار

1.000.000

milijonas

میلیون

anglų

انگلیسی

amerikiečių anglų

انگلیسی آمریکایی

kinų (mandarinų)

چینی ماندارین

hindi

هندی

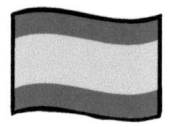

ispanų

اسپانیایی

prancūzų

فرانسوی

arabų

عربی

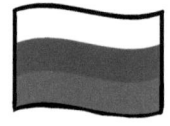

rusų

روسی

portugalų

پرتغالی

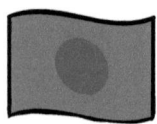

bengalų

بنگالی

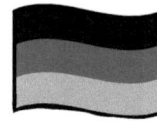

vokiečių

آلمانی

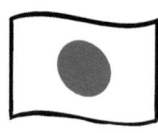

japonų

ژاپنی

aš

من

tu

تو

jis / ji

او

mes

ما

jūs

شما

jie

آنها

kas?

چه کسی؟ کی؟

ką?

چی؟

kaip?

چگونه؟

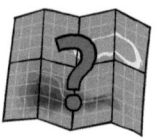

kur?

کجا؟

kada?

کی؟

vardas

نام

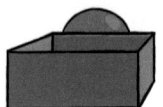

už

پشت

kur (vieta)

توی

priešais

جلو

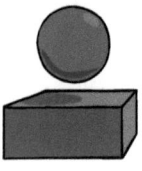

virš

بالای

ant

روی

po

زیر

prie

مجاور

tarp

بین

vieta

مکان